Impressum
Verlag: BABADADA GmbH, Nedderfeld 112 , 22529 Hamburg
Geschäftsführer / Verlagsleitung: Harald Hof
Druck: Books on Demand GmbH, In de Tarpen 42, 22848 Norderstedt

Imprint
Publisher: BABADADA GmbH, Nedderfeld 112 , 22529 Hamburg, Germany
Managing Director / Publishing direction: Harald Hof
Print: Books on Demand GmbH, In de Tarpen 42, 22848 Norderstedt

教室
除
پارکرن
186/2
黑板
تەختە
校園
هەوشا دبستانێ
老師
مامۆستە
紙
کاخەز
書寫
نڤیساندن
筆
辦公桌
直尺
راستەک
書
پرتووک
學生
خوەندەکار

書包

چەوال

鉛筆盒

قووتی نڤیستۆک

鉛筆

قەلەمرساس

削鉛筆機

نڤیستۆک تووژکر

橡皮擦

ژێبر

畫板

نڤیسکا نیگارێ

2 學校 - دبستان

圖畫

نیگار

畫筆

فرچەیا رەنگێ

顏料盒

قووتی رەنگ

剪刀

مەقەس

膠水

لەزاق

練習冊

پرتووکا فێربوون

家庭作業

وەزیفا مالێ

數字

هەژمار

2+2

加

زێدەکرن

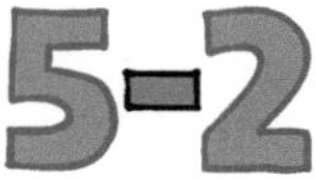

5-2

減

دەرخستن

2×2

乘

زێدەکرن

計算

هەسباندن

A

字母

تیپ

ABCDEFG
HIJKLMN
OPQRSTU
VWXYZ

字母表

ئالفابە

hello

字

پەیڤ

課文

نقيسێ

讀

خواندن

粉筆

گەچ

上課

دەرس

登記

قەیدکرن

考試

ئیمتیهان

證書

شەهادە

校服

کنجا دبستانێ

教育

پەروەردەهی

百科全書

زانستنامە

大學

زانینگە

顯微鏡

میکرۆسکووپ

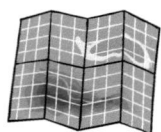

地圖

خەریتە

廢紙簍

سەپەتا کاخەزێ

ڕێوێتی

飯店
مێڤانخانە
Grand
مێڤانخانە
ROOMS
外幣兌換處
CHANGE
手提箱
جەنتە
汽車
ماشین

語言

زمان

是/否

بەلێ / نا

好的

باش

您好

سلاڤ

翻譯人員

وەرگێڕا نڤیسکی

謝謝

سپاس

……多少錢？

بهايى ... چ قاسه؟

我不明白

ئمز فام ناكم

問題

ئارىشه

晚上好！

ئىڤار باش!

早上好！

سپيدى باش!

晚安！

شەڤ باش!

再見

خاترى ته

方向

ئالى

行李

هوورموور

包

چەنته

背包

چەنته پشت

客人

مىڤان

房間

ئوده

睡袋

جامه خەو

帳篷

چادر

旅行資訊

ئاگاگیێن گەرۆکان

海灘

رەخێ ئاڤێ

信用卡

کارتێ قەرزی

早餐

تاشتێ

午餐

فراڤین

晚餐

شیڤ

票

کارت

電梯

ئاسانسۆر

郵票

پوول

邊界

تخووب

海關

گومرک

大使館

بالیۆزخانە

簽證

ڤیزا

護照

پاساپۆرت

交通運送

گوهازتن

飛機
船
消防車
公車
卡車
کامیۆن
汽艇
腳踏車
汽車
ماشین

渡輪
پاپۆڕ

小船
پاپۆڕ

機車
مۆتۆرسیکلێت

警車
ترمبێلا پۆلیسێ

賽車
ترمبێلا پێشبازیێ

租車
ئەرەبە کرێکرنێ

拼車

ماشین پەرڤەکرن

拖車

کامیۆنا کشاندنێ

垃圾車

کامیۆنا خوەلی

馬達

مۆتۆرسیکلێت

汽油

مازۆت

加油站

ئیستەگەها بەنزینێ

交通標識

تابلۆیا ترافیکێ

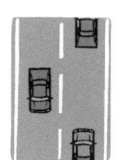

交通

هاتنووچوون

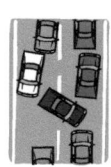

交通堵塞

ترافیک

停車場

جهێ پارکێ

火車站

راوەستەکا ترێنێ

軌道

رێچ

火車

ترێن

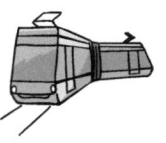

路面電車

ترێنێ کۆلانێ

客車廂

ئەرەبە

直升機

بابرۆک

機場

بالافرگەه

塔

برج

乘客

مسافر

集裝箱

قووتی

紙板箱

قووتی

手推車

گرگرۆک

籃子

سەلک

起飛/降落

رابوون / نیشتن

城市

باژار

村莊

گوند

市中心

ناڤەندا باژارێ

房子

خانی

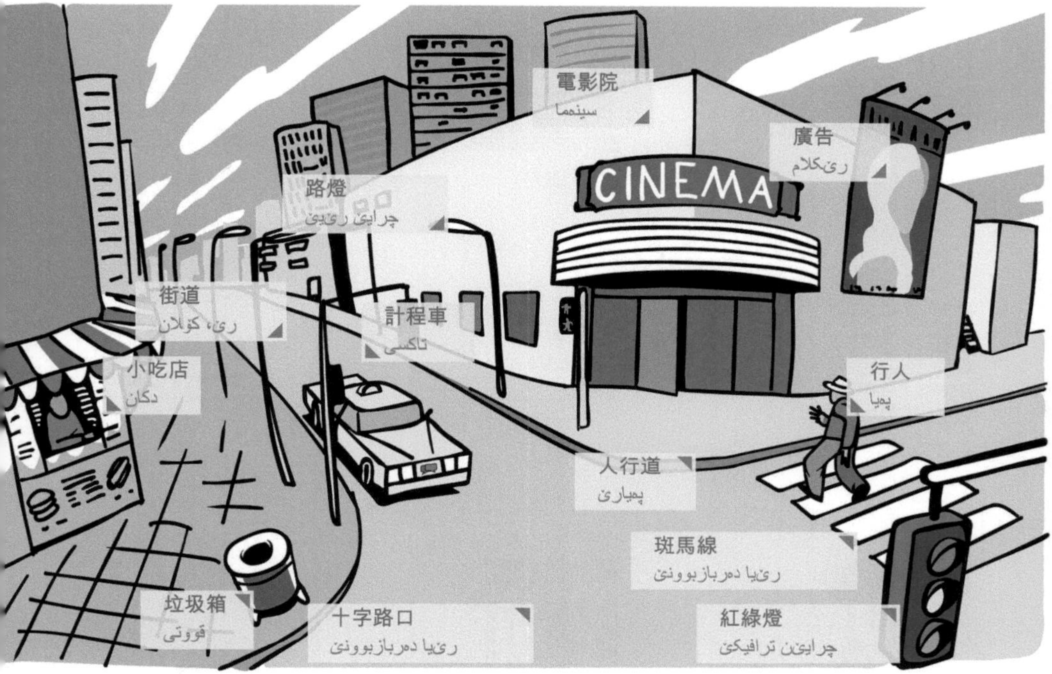

電影院
سینەما

廣告
رێکلام

路燈
چرایی رێگه

街道
رێ، کۆلان

計程車
تاکسی

行人
پیاده

小吃店
دکان

人行道
پیادەرێ

斑馬線
رێیا دەربازبوونێ

垃圾箱
قوتی

十字路口
رێیا دەربازبوونێ

紅綠燈
چرایێن ترافیکێ

CINEMA

小屋
کۆخ

公寓
خانی

火車站
راوەستەکا ترێنێ

市政廳
تەلارا شارەڤانی

博物館
مووزەخانه

學校
دبستان

大學

زانینگە

銀行

بانک

醫院

نەخوەشخانە

飯店

مێڤانخانە

藥房

دەرمانخانە

辦公室

ئۆفیس

書店

کتێبفرۆشی

商店

دکان

花店

گولفرۆش

超市

بازار

市場

بازار

百貨商店

سوپەرمارکەت

魚店

ماسیفرۆش

購物中心

ناڤەندا کرین

海港

بەندەر

公園

پارک

長凳

سەكوو

橋

پر

樓梯

دەرنجە

捷運

ژێر ئەردێ

隧道

توننەل

公車站

ئیستگەها ئۆتۆبووس

酒吧

بار

餐館

خوارنگەه

郵筒

سندووقا پۆستێ

路標

نیشاندەرکا رێیێ

停車計時器

مەترا پارکینگێ

動物園

باخچا هەیوانان

游泳池

هەوزا مەلەڤانی

清真寺

مزگەفت

農場

جۆتگەه

污染

لەوتاندنا دەردۆر

墓地

گۆرستان

教堂

کەنیسە

操場

ئەردێ لەیستنێ

寺廟

پەرستگەه

地形

تەبیەت

樹葉
گەلا
指示牌
نیشاندەرکا رێ
路
草地
石頭
樹
دار
徒步旅行者
گەرۆک
河
چەم
草
گیا
花
کولیلک

峡谷

دۆل

丘陵

گر

湖

گۆل

森林

دارستان

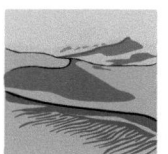

沙漠

بەيابان

火山

ۋۆلكان

城堡

كەلمە

彩虹

كەسكەسۆر

蘑菇

كۋارك

棕榈樹

دارقەسپ

蚊子

مخمخك

蒼蠅

مێش

螞蟻

مێرى

蜜蜂

هنگ

蜘蛛

پيرێ

甲蟲

کێزک

青蛙

بەق

松鼠

سمۆر

刺蝟

ژیژۆک

野兔

کەرگوە

貓頭鷹

پەپووک

鳥

چڤیک

天鵝

قوو

野豬

بەرازێ کۆڤی

鹿

پەزکۆڤی

麋鹿

پەزکۆڤی

水壩

بەنداڤ

風力發電機

تووربینا با

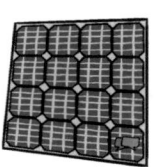

太陽能電池板

پانەلا خۆرێ

氣候

ئاڤ و هەوا

餐館

خوارنگەه

服務生
بەرکار
菜譜
椅子
کورسی
湯
شۆربە
披薩餅
پیزا
桌布
سفرە

前菜

خوارنا دەستپێک

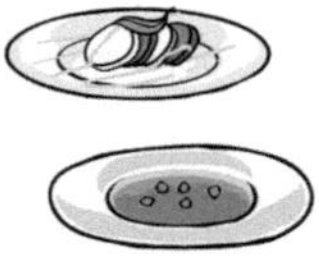

主菜

خوارنا سەرەکی

甜點

شیرانی

飲料

ڤەخوارنان

食物

خوارن

瓶子

جام

速食

خوارنا لەز

街邊小吃

خوارنا رێیێ

茶壺

چایدانک

糖盒

قووتی شەکرێ

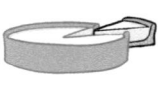

一份飯菜

بەش

義式咖啡機

مەکینا چێکرنێ ئەسپرەسسۆ

高腳椅

کورسیا بلیند

帳單

هەساب

托盤

سێنی

刀

کێر

餐叉

چەتەل

勺子

کەڤچی

茶匙

کەڤچیا چای

餐巾

پێشگر

玻璃杯

قەدەh

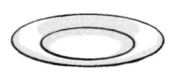

碟子

تەيفک

湯盤

تەيفكا شۆربە

碟子

پياله

醬

چێنج

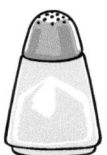

鹽瓶

خوێدانک

胡椒研磨罐

قووتى بيبار

醋

سێک

食用油

روون

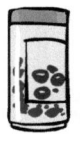

調味料

بهارات

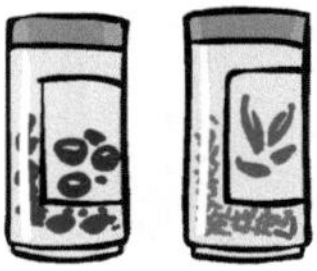

番茄醬

كەتچاپ

芥末

موستارد

美乃滋

مايۆنێز

超市

بازار

特價
پێشکێشێن تایبەت
FOR
顧客
مشتەری
乳製品
شیرەمەنی
水果
فێکی
購物車

肉鋪

قەسابی

麵包店

دکانا نانپێژ

稱重

وەزن کرن

蔬菜

سەوزە

肉

گۆشت

冷凍食品

خوارنێ جەمەدی

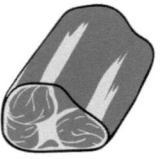

冷盤

گۆشتێ سار

罐頭食品

خوارنا پیلێ

洗衣粉

خوبارێ پاقژکرنێ

甜食

شرینی

日用品

بەرهەمێن ناڤخوەیی

清潔用品

بەرهەمێن پاقژکرنێ

銷售員

فرۆشیار

收銀機

خەزنۆک

收銀員

دراڤگر

購物清單

لیستا کڕینێ

開放時間

دەمێن ڤەکری

錢包

جزدان

信用卡

کارتێ قەرزێ

袋子

چەوال

塑膠袋

چەنتە

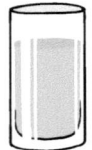

飲料

ڤەخوارنان

水

ئاڤ

果汁

شەربەت

牛奶

شیر

可樂

کۆمر

紅酒

شەراب

啤酒

بیرا

酒

ئالکۆل

可可

کاکۆ

茶

چای

咖啡

قەهوە

義式濃縮咖啡

ئەسپرەسسۆ

卡布奇諾

کاپۆچینۆ

香蕉

مۆز

蘋果

سێڤ

柳丁

پرتەقالی

西瓜

گوندۆر

檸檬

لیمۆن

胡蘿蔔

گێزەر

大蒜

سیر

竹子

قامر

洋蔥

پیڤاز

蘑菇

قارچک

堅果

گەویز

麵條

شەهیرە

義大利麵

سپاگێتی

米飯

برنج

沙拉

سەلەتە

薯條

چیپس

炸馬鈴薯

پەتەتەیا براشتی

披薩餅

پیزا

漢堡

هامبورگەر

三明治

نانۆک

炸豬排

گۆشتێ ستوویێ بەرخی

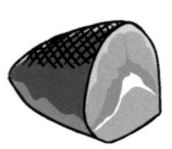

火腿

گۆشتێ هشککری

義大利臘腸

سالامێ

香腸

سۆسیس

雞肉

مریشک

烤肉

بژارتن

魚

ماسی

燕麥片

شۆربە بلوول

木斯里

مووسلی

玉米片

کەرتێن گلگلان

麵粉

ئارد

牛角麵包

جرۆسسانت

麵包捲

سەموون

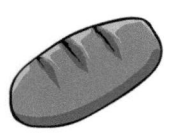

麵包

نان

吐司

توست

餅乾

نانک

奶油

نڤیشک

凝乳

ماست

蛋糕

کولیچە

蛋

هێک

煎蛋

هێکا قەلاندی

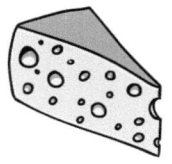

起司

پەنیر

冰淇淋

دۆندرمە

糖

شەکر

蜂蜜

هەنگڤ

果醬

مرەبا

巧克力醬

خامەیا نۆوگات

咖哩

کوڕی

農舍
خانیا چەولگا
糧倉
کادین
稻草捆
تەپکا پووشێ
田野
馬
拖車
کاروان
拖拉機
تراکتور
馬駒
جانی
驢
کەر
羊
بەران
羔羊
بەرخ

山羊

بزن

奶牛

چێلەک

小牛

گۆلک

豬

بەراز

小豬

خنزیرک

公牛

بۆخە

鵝

قاز

鴨

مراڤی

小雞

جووچک

母雞

مریشک

公雞

کەلەشێر

鼠

جرج

貓

کتک

老鼠

مشک

牛

گا

狗

کووچک

狗屋

خانیا کووچکێ

花園澆水軟管

خانی باخێ

澆水壺

قووتیکا ئاڤدانێ

長柄大鐮刀

شالووک

犁

گاسن

鐮刀

داس

鋤頭

مەربێر

長柄草耙

دارساپک

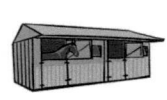

斧頭

بڤر

獨輪手推車

دەستگەرە

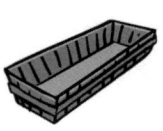

飼料槽

قووتی خوارنا جانداران

牛奶罐

قووتی شیر

麻布袋

توور

柵欄

چەپەر

馬廄

ئاخور

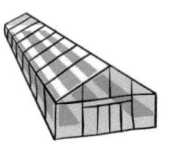

溫室

خانا کولیلکان

土壤

ئاخ

種子

دەندک

肥料

پەین

聯合收割機

کۆمباین

收割

زاد

收割

زاد

地瓜

پەتەتە

小麥

گەنم

大豆

فاسۆلی

土豆

پەتەتە

玉米

دەخل

油菜籽

دندک

果樹

داری فێکی

樹薯

سێڤی بن ئەردی

穀物

زاد

煙囪
كولمک
屋頂
بانى
落水管
窗戶
پاجه
車庫
گاراژ
門鈴
زهنگلى دهرى
門
دهرى
垃圾桶
信箱
قوتييا پۆستێ
花園
باخچه

客廳

ئۆدا روونشتنێ

浴室

حهمام

廚房

مهتبهخ

臥室

ئۆدا خهوێ

兒童房

ئۆدهیا زارۆک

餐廳

ئۆدا شیڤێ

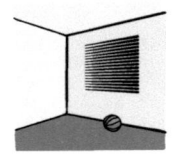

地板

بنى

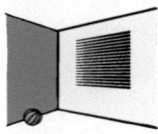

牆壁

ديوار

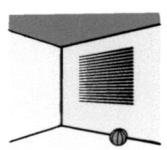

天花板

بەربان

地窖

خەنزک

三溫暖

ساونا

陽臺

بالکۆن

露臺

بەردانک

游泳池

ھەوزا مەلەڤانی

割草機

چیمەن بڕ

被單

مەلھەفە

床罩

بەتانی

床

نڤین

掃帚

گەزک

水桶

ساتل

開關

کلیل

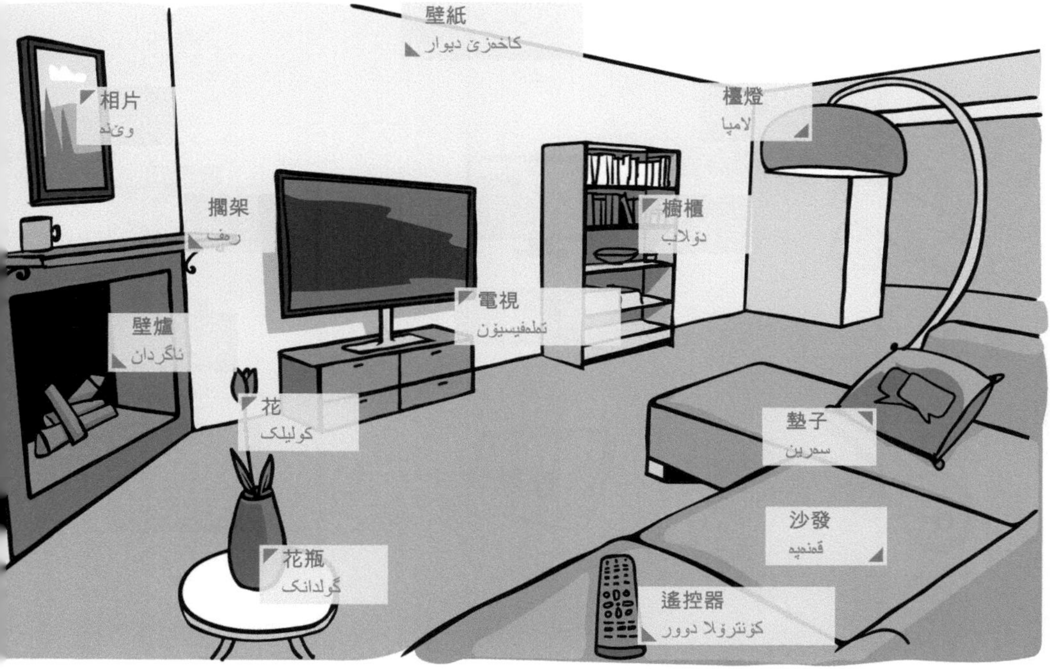

壁紙
相片
檯燈
لامپا
رەف
櫥櫃
電視
壁爐
ئاگردان
花
گولیلک
墊子
沙發
花瓶
گولدانک
遙控器
کۆنترۆلا دوور

地毯

خالیچە

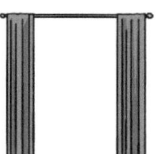

窗簾

پەردە

餐桌

مێز

椅子

کورسی

搖椅

کورسیا هەژانۆک

扶手椅

کورسی

書

پرتووک

毯子

بەتانی

裝飾品

خەملاندن

木柴

ئێزنگ

電影

فیلم

高傳真音響

هـ-ف

鑰匙

کلیل

報紙

ڕۆژنامە

油畫

نیگار

海報

پۆستەر

收音機

ڕادیۆ

筆記本

دەفتەر

吸塵器

سڤنکا ئەلەکتریکی

仙人掌

کاکتووس

蠟燭

مۆم

廚房

مەتبەخ

冰箱
微波爐
مايكرۆفەيف
廚房秤
تەرازيا مەتبەخى
烤麵包機
ناموورا نان گەرمكرنى
洗潔精
烤箱
سۆبە
冰櫃
ساركەر
垃圾桶
فراخى زبلى
洗碗機
فراقشۆك

炊具

سۆبە

鍋

نامان

鑄鐵鍋

ناماى ئووتوو

炒鍋

فراقى مەزن

平底鍋

ديزك

水壺

كەلينك

廚房 - مەتبەخ 35

蒸鍋

فراقێ هلمێ

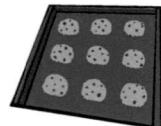

烤盤

سێنی نانێ

陶瓷鍋

فراق

馬克杯

پیالە

碗

کاسک

筷子

دارێ نانخوارن

長柄勺

هەسک

鏟子

کەڤچیا مەزن

攪拌器

رینەک

濾網

کەفگیر

篩子

بێژنگ

磨碎機

رێشکەر

研缽

دەستار

燒烤

براشتن

明火

ئاگرێ ڤالا

菜板

تەختەيا برينىٴ

擀麵杖

داركىٴ تيرىٴ

開瓶器

دەڤك بادەك

罐子

قووتى

開罐器

قووتيڤەكر

隔熱手套

جاوىٴ ئامانان

水槽

دەستتشۆ

刷子

فرچە

海綿

پارازۆا

攪拌機

تەڤدىٴر

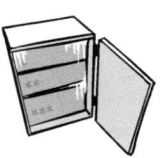

冷藏箱

ساركەرىٴ جەمەدى

奶瓶

شووشە بەبكان

水龍頭

هەنەفى

浴室

ھەمام

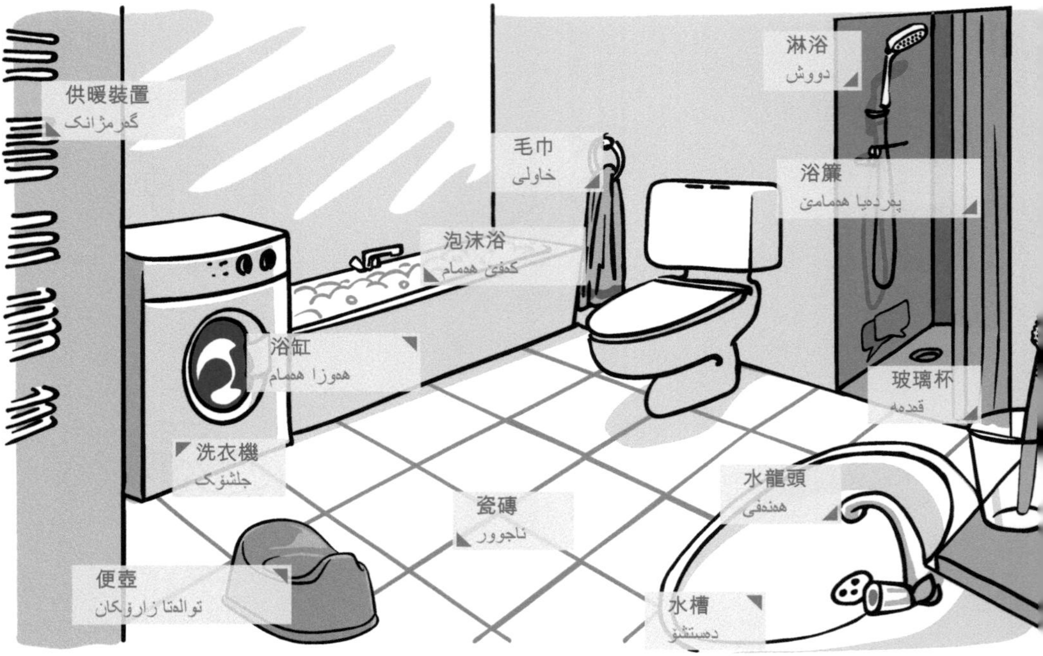

供暖裝置
گەرمژانک
毛巾
خاولى
泡沫浴
كەفى ھەمام
浴缸
ھەوزا ھەمام
洗衣機
جلشۆك
瓷磚
ئاجوور
便壺
توالەتا زارۆكان
淋浴
دووش
浴簾
پەردەيا ھەمامێ
玻璃杯
قەدەھ
水龍頭
ھەنەفى
水槽
دەستشۆ

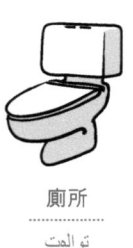

廁所

توالەت

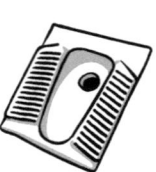

蹲便器

توالەتا ئەردى

坐浴器

توالەت

小便斗

ئاقدەستخانا مێران

廁紙

كاخەزا توالەت

馬桶刷

فرشەيا توالەت

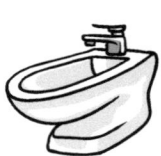

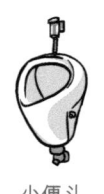

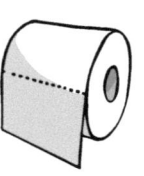

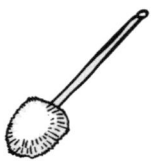

牙刷

فرچەیا دران

牙膏

مەجوونا دران

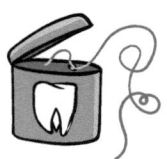

牙線

نەخا ددان

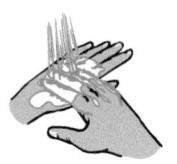

洗

شووشتن

手持式蓮蓬頭

دووشێ دەستێ

沖洗器

دووش

洗臉盆

دەستشۆ

洗背刷

فرچا پشت

肥皂

سابوون

沐浴露

جێلێ هەمام

洗髮乳

شامپۆ

法蘭絨

فانیله

排水

زێراب

乳霜

کرێم

除臭劑

بێهن خوەشکر

鏡子

مرئک

手鏡

مرئکا دەستىڭ

刮鬍刀

گووزان

刮鬍泡沫

کەفىڭ تەراشىنىڭ

鬚後水

مەجوونا پشتى تەراشىنىڭ

梳子

شەه

刷子

فرچە

吹風機

پۆر هیشککر

噴髮定型劑

سپرایا پۆرىڭ

化妝品

کۆزمەتیک

唇膏

سۆراڤک

指甲油

رەنگىڭ نینۆک

化妝棉

پەمبوو

指甲剪

مەقەستا نینۆک

香水

پارفووم

洗漱包

چەوالێ هەمامێ

凳子

کورسیا بێپشت

計重秤

تەرازی

浴袍

کنجا هەمامێ

橡膠手套

لەپکا لاستیکێ

衛生棉條

تامپۆن

衛生棉

خاولیا پاقژکرنێ

化學廁所

توالەتا کیمییەوی

41

兒童房

ئۆدەيا زارۆک

鬧鐘
دەمژمێرک
毛絨玩具
لیستۆک
玩具車
ماشینا لیستۆک
撥浪鼓
خشخشۆک
玩具屋
مالا لیستۆک
禮物
خەلات

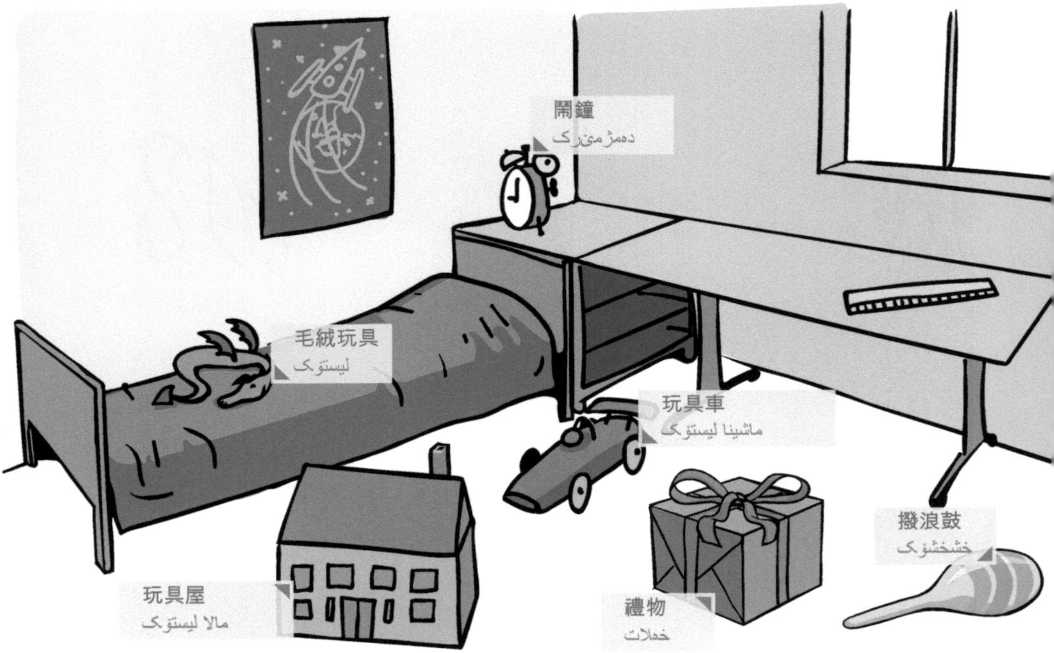

氣球

پفدانک

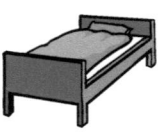

床

نڤین

嬰兒車

کۆچک

撲克牌

لیستکا کارتێ

拼圖

فریزبی

漫畫

کۆمیک

樂高積木

ئاجوورا لێگۆ

積木玩具

ئاجوورا لیستۆک

公仔

بووکە شووشە

嬰兒服

کنجا بەبکان

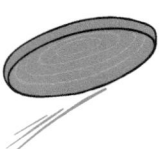

飛盤

فرزبێ

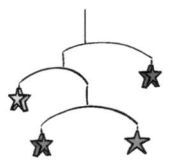

床鈴玩具

ڤەگوهەستن

棋盤遊戲

لیستکێن تەختە

骰子

مۆر

火車模型

مۆدێلا ترێنێ

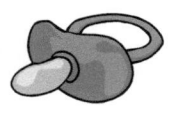

安撫奶嘴

مەمک

派對

جەژن

繪本

کتێبا وێنە

球

تۆپ

洋娃娃

بووکە شووشە

玩

لەییستن

沙坑

كونا خیزی

鞦韆

جۆلانە

玩具

لیستۆکان

電玩遊戲

لیستکا ڤیدەۆیی

三輪車

سیچەرخە

泰迪熊

هرچا لیستۆک

衣櫃

جلدانک

衣服

کنج

襪子

گۆرە

長襪

گۆرە

緊身褲

دەرپیگۆری

圍巾
شال

皮帶
قایش

雨傘
چەتر

T恤
كراس

靴子
شمكال

拖鞋
سۆلكن ناف مالى

運動鞋
سۆلك

涼鞋
سۆلك

鞋
سۆل

雨靴
پۆتينا چەرمى

內褲
پانتۆلئ ژێر

胸罩
پى‌سير‌بەند

背心
چمكبەند

身體

جەندەک

褲子

پانتۆل

牛仔褲

ژەانس

短裙

دامان

女式襯衫

کراس

襯衫

کراس

套頭衫

فانێلە

連帽上衣

فانێلە

西裝夾克

جاکێت

夾克

ساکۆ

外套

چاکەت

雨衣

بارانی

套裝

لەباس

連衣裙

فیستان

婚紗

جلێ داوەتێ

西裝

چاکێت

睡袍

پێجامە

睡衣

پێجامە

莎麗

سارێ

頭巾

لەچک

包頭巾

مێزەر

波卡

هێرام

卡夫坦

کافتان

(阿拉伯式)長袍

ئەبا

泳衣

کنجا ئاژنێکرن

男式泳褲

جلکا مەلەڤانی

短褲

شۆرت

運動服

جلا هێڤۆژکاری

圍裙

پێشمال

手套

لەپک

鈕扣

دووگمە

眼鏡

بەرچاڤک

手鏈

بازن

項鍊

گەردەنی

戒指

گوستیل

耳環

گوهارک

便帽

دەڤک

衣架

هلاڤستەک

帽子

کووم

領帶

کراوات

拉鍊

زیپ

安全帽

سەرپارێز

背帶

دەرزی

校服

کنجا دبستانێ

制服

یوونیفۆرم

圍兜

بەردلک

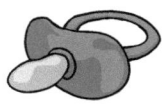

安撫奶嘴

مەمک

尿布

پونداخ

辦公室

ئۆفیس

伺服器
پىشكەشكەر
檔案櫃
دۆلابى بەلگە
印表機
چاپەر
紙
螢幕
نیشاندەر
ماسە
滑鼠
مشک
資料夾
دەفتەر
鍵盤
椅子
كورسى
廢紙簍
電腦
كۆمپیوتەر

咖啡杯

كاسكا قەهوە

計算機

هەسابکەر

網際網路

ئینتەرنەت

筆記型電腦

كۆمپیوتەرا لاپتۆپ

信件

نامە

簡訊

پەیام

行動電話

تەلەفۆنا مۆبیل

網路

تۆر

影印機

مەکینا فۆتۆکۆپی

軟體

سۆفتوارە

電話

تەلەفۆن

插座

سۆجکەتا فیشەک

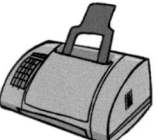

傳真機

مەکینا فاخێ

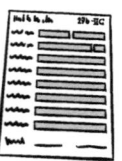

表格

فۆرم

檔案

بەلگە

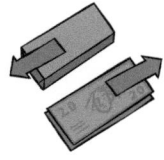

經濟

ئابۆری

買

کرین

付錢

پەرە دان

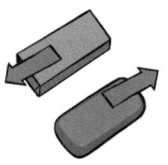

交易

بازرگانی

現金

پەرە

美元

دۆلار

歐元

یۆرۆ

日元

یەنی ژاپۆنی

盧布

رۆبلی رووسی

瑞士法郎

فرانکی سویسی

人民幣

یوانی چینی

盧比

رووپی هندی

提款處

مەکینا ژخوەبەرا دراڤ

外幣兌換處

ئۆفیسا پەرە ڤەگوهارتنێ

金

زێڕ

銀

زیڤ

石油

نەفت

能源

وزە

價格

بها

合約

پەیمان

稅金

تاخ

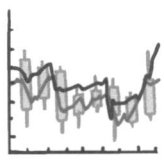

股票

سەهام

工作

کارکرن

職員

کارکەر

老闆

کاردا

工廠

فابریکا

商店

دکان

職業

پرۆفەسيۆن

警官
پۆلىس
消防員
ئاگركوژ
廚師
醫師
飛行員
فرۆكەڤان

園丁

باخچەڤان

木匠

نەجار

裁縫

دروونڤان

法官

هاكم

化學家

شيميازان

演員

شانۆگەر

公車司機

شوفێرێ باسێ

計程車司機

شوفێرەکی تاکسیێ

漁夫

ماسیڤان

清洗女工

پاگژکەر

屋頂工

چێکرێ بانی

服務生

بەرکار

獵人

نێچرڤان

畫家

رەنگرێس

麵包師

نانپێژ

電工

کارەباڤان

建築工人

ئاڤاکەر

工程師

ئەندەزیار

屠夫

قەساب

水管工

لوولەکار

郵差

پۆستەڤان

士兵

ئەسکەر

建築師

میمار

收銀員

دراڤگر

花農

فرۆتکارا چیچەکان

理髮師

پۆرچێکەر

售票員

ئاژۆڤان

機械技師

مەکانیک

船長

کەشتیڤان

牙醫

پزیشکا ددانان

科學家

زانستیار

拉比

رووهان

伊瑪目

ئیمام

和尚

کەشە

牧師

کەشیش

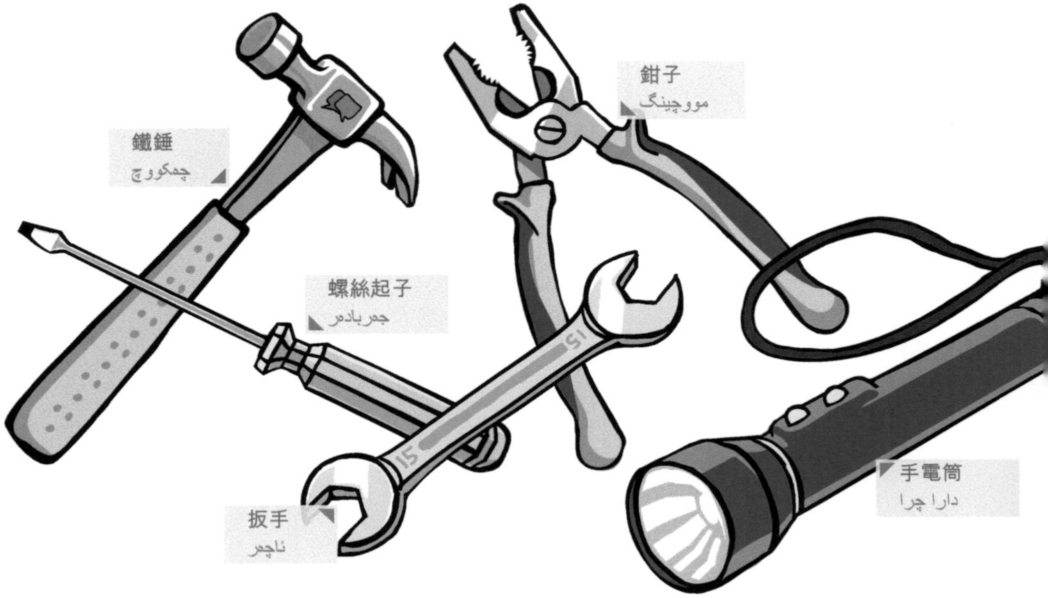

工具

ئامووران

鐵錘
چەكووچ
鉗子
مووچينگ
螺絲起子
جەربادەر
扳手
ئاچەر
手電筒

挖掘機

شۆفەل

工具箱

قووتيا ئامووران

梯子

پەيژە

鋸子

مشار

釘子

ميخ

鑽機

قولكرن

修

چێکرن

鏟子

مەربێر

糟糕！

نالەت!

畚箕

بێل

油漆桶

قووتیا رەنگێ

螺絲

جەر

樂器

ئاموورێن مووزیکێ

揚聲器
بلیندگو
打擊樂器
کۆمێ دەهۆل
吉他
گیتار
低音提琴
جۆرەیا گیتار
小號
زرنا

鋼琴

پيانۆ

小提琴

ۋيۆلين

貝斯

باس

定音鼓

دەهۆل

鼓

داهۆل

電子琴

كەيبۆارد

薩克斯風

ساكسۆفۆن

長笛

بلوور

麥克風

ميكرۆفۆن

動物園

باخچا ھەيۋانان

老虎
پلنگ
籠子
قەفەس
斑馬
كەرى چيا
خوارنا ھەيوان
熊貓
پاندا
入口

動物

ھەيوان

大象

فيل

袋鼠

كانگاروو

犀牛

كەركەدەن

大猩猩

گۆريل

熊

ھرچ

駱駝

هێشتر

鴕鳥

هێشترمه

獅子

شێر

猴子

مەیموون

紅鶴

فلامینگۆ

鸚鵡

پاپاخان

北極熊

هرچا جەمسەری

企鵝

پەنگوین

鯊魚

سەماسی

孔雀

تاووس

蛇

مار

鱷魚

تمساه

動物園管理員

پارێزەرا باخچا ئاژالان

海豹

سەیا دەریا

美洲豹

پلنگ

矮種馬

هەسپ

豹

پڵنگ

河馬

هەسپێ ڕووبار

長頸鹿

جانەێشتر

老鷹

هەڵۆ

野豬

بەرازێ کۆڤی

魚

ماسی

龜

کووسی

海象

والراس

狐狸

ڕۆڤی

羚羊

خەزال

體育

وەرزش

橄欖球
فووتبۆلێ ئامەریکا
騎腳踏車
بسکلێتان
網球
籃球
باسکێتبۆل
游泳
拳擊
بۆخنگ
冰球
هۆکەیا سەر جەمەدێ

美式足球

فووتبۆل

羽毛球

بادمنتۆن

田徑

یێ ئاتلەتیزمێ

手球

هەندبۆل

滑雪

بەفراژۆتن

馬球

پۆلۆ

跳
هلپیکه

擁抱
هەمبیز

笑
کەنین

唱
لاوژه گوتن

走路
بریقهچوون

祈禱
نمێژ کرن

親吻
ماچکرن

做夢
خەوندیتن

書寫
نڤیساندن

畫
نیگار کێشان

展示
نیشان دان

推
پاڵدان

給
دابین

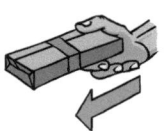

拿
راکرن

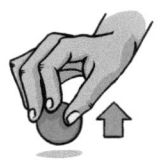

有
هەبین

做
کرن

當
بوون

站
سەکنین

跑
بازدان

拉
کشاندن

丟
ئاڤێتن

摔倒
کەتن

躺
دەرەو کرن

等待
سەکنین

攜帶
گوهێزتن

坐
روونشتن

穿衣
جل بەرکرن

睡覺
رازان

醒來
رابوون

看

مێزە کرن

哭

گرین

擊

جەلتە

梳頭

شە کرن

交談

پەیڤین

明白

فامکرن

問

پرسکرن

聽

بهیستن

喝

ڤەخوارن

吃

خوارن

清理

کۆم کرن

愛

هەزکرن

做飯

خوارن چێکرن

開車

ئاژوتن

飛

فڕین

航行

کەشتیڤانی

計算

هەسباندن

讀

خواندن

學習

هینبوون

工作

کارکرن

結婚

زەوجین

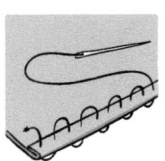

縫

درووتن

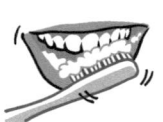

刷牙

ددان شووتن

殺

کوشتن

抽菸

دووخان

寄

شاندن

家

مالبات

祖母
祖父
父親
母親
嬰兒
女兒
兒子
کور

客人

مێڤان

阿姨

مەت

叔叔

ئاپ/خال

兄弟

برا

姐妹

خوشک

身體

بەدەن

前額
眼睛
臉
روو
下巴
زەنی
乳房
手指
手
دەست
手臂
肩膀
腿

嬰兒

بەبەک

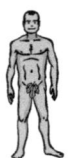

男人

مێر

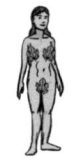

女人

ژن

女孩

کچ

男孩

کوڕ

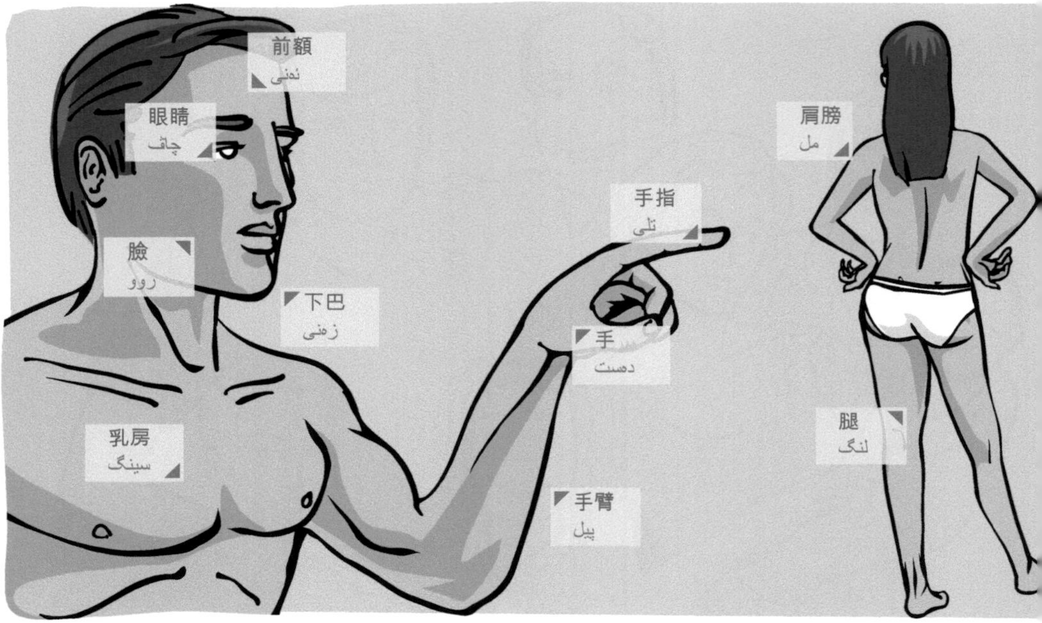

頭

سەر

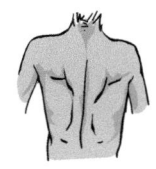

背部

پشت

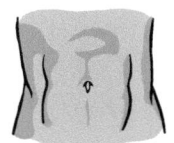

肚子

زک

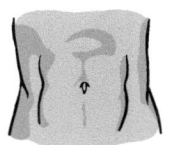

肚臍

ناڤک

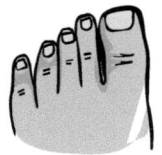

腳趾

تلیا پێ

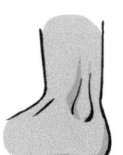

腳後跟

پانی

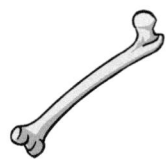

骨頭

هەستی

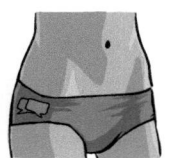

臀部

کوولیمەک

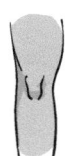

膝蓋

ژوونی

手肘

ئەنیشک

鼻子

دفن

屁股

قوون

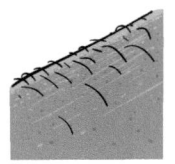

皮膚

چەرم

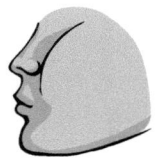

臉頰

روو

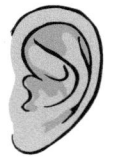

耳朵

گووھ

嘴唇

لێڤ

嘴

دەڤ

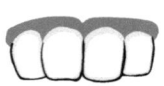

牙齒

دران

舌頭

زمان

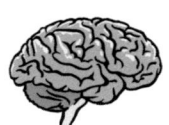

腦

مێژی

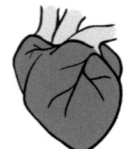

心臟

دل

肌肉

ماسوول

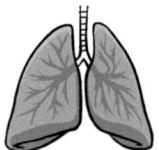

肺

جیگەرا سپی

肝臟

جەگەر

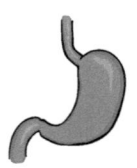

胃

مادە

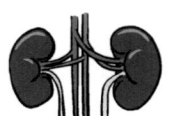

腎臟

گوورچکان

性交

جۆتبوون

保險套

کۆندۆم

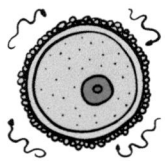

卵子

هێک

精子

تۆڤ

懷孕

دووجانی

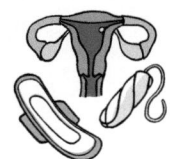

月事

ئادە

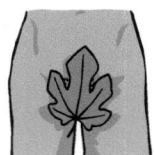

陰道

قووز

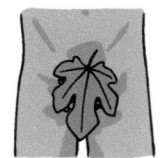

陰莖

کیر

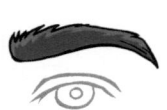

眉毛

برۆ

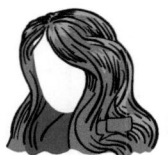

頭髮

پۆر

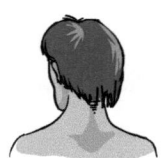

脖子

هووستوو

醫院

نەخۆشخانە

نەخۆشخانە
急救車
ئەرەبا نەخۆشان
輪椅
ئەرەبۆکا کووڵەکان
骨折
شکەستە

醫師

بژیشک

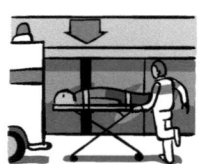

急診室

ئۆدا لەزگینێ

護理師

نەخۆشیار

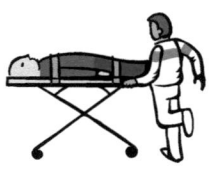

緊急情形

ئاجیلییەت

昏迷

بێهای

痛

ئێش

受傷

برين

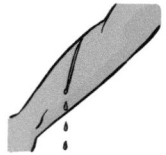

出血

خوينپژان

心臟病發作

هێرشا دلی

中風

جەلتە

過敏

ئالەرژی

咳嗽

کوخک

發燒

تا

流感

زکام

腹瀉

ناڤچووين

頭痛

سەرێش

癌症

قانسێر

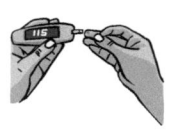

糖尿病

نەخوەشيا شەکرێ

外科醫師

ئەمەليکار

手術刀

سکالپێل

手術

ئەمەلی

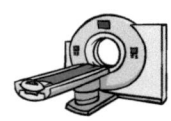

電腦斷層掃描

جت

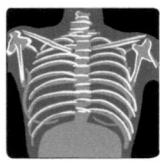

X光

سوورەتێ ڕۆنتگێن

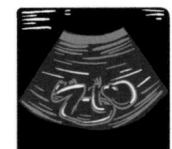

超音波

ئوولتراساوند

口罩

ماسکێ ڕوویێ

疾病

نەخوشی

候診室

ئۆدا سەکنینێ

拐杖

گۆچان

石膏

شێل

繃帶

پاچێ برینپێچانێ

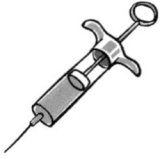

注射

دەرزی

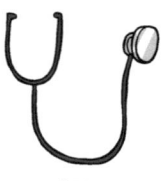

聽診器

بیستۆکا پزیشکی

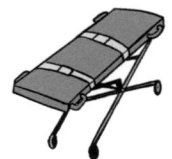

擔架

داربەست

體溫計

تێهنپیڤا کلینیکێ

出生

زایین

超重

قەلەو

助聽器

ئاليكاريا بهيستنىڭ

消毒液

باكتەريكوژ

感染

كۆتيبوون

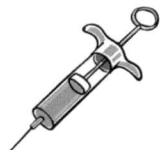

病毒

ڤيرووس

愛滋病

هڤ / ئادس

藥物

دەرمان

接種疫苗

كوتان

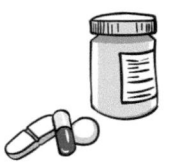

藥片

هەبان

藥丸

هەب

急救電話

لەزگين

血壓計

ديمەندەرىڭ پەستۆ خوين

生病/健康

نەخوەش / ساخ

緊急情形

ئاجىلىيەت

救命！

ھەوار!

警報

ئالارم

突擊

ئىرىش

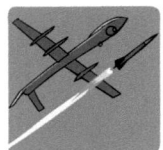

攻擊

ئىرىشكرن

危險

تالووک

緊急出口

دەركمتنا ئاجل

失火了！

ئاگر!

滅火器

ئاگر ڤەمراندنێ

意外

قەزا

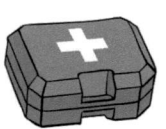

急救箱

ئالمتێن ئاليكاريا يەكەم

呼救訊號

سۆس

員警

پۆليس

歐洲

ئەوروپا

北美洲

ئامەریکایا باکوور

南美洲

ئامەریکایا باشوور

非洲

ئافریکا

亞洲

ئاسیا

澳洲

ئاووستراليا

大西洋

ئاتلانتیک

太平洋

ئۆکیانووسا مەزن

印度洋

ئۆکیانووسا هندی

南冰洋

ئۆکیانووسا ئانتارکتیکا

北冰洋

ئۆکیانووسا ئارکتیک

北極

جەمسەرا باکوور

南極

جەمسەرا باشوور

南極洲

ئانتارکتیکا

地球

ئەرد

陸地

ئاخ

海

بەهر

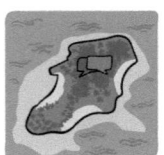

島

دوورگە

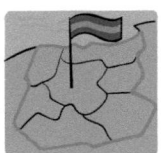

國家

مڵەت

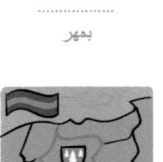

州

وەلات

鐘錶

ساعەت

錶盤

روویێ ساعەت

時針

نشاندەرکا دەمژمێر

分針

نشاندەرکا دەقە

秒針

نشاندەرکا سانیە

現在幾點？

سێت چەندە؟

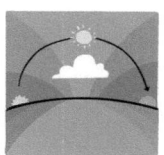

天

ڕۆژ

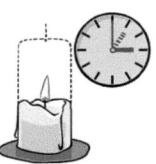

時間

دەم

現在

نها

電子錶

ساعەتێ دجیتال

分

دەقە

時

سێت

週一 دووشمم
週二 سێشمم
週三 چارشمم
週四 پێنجشمم
週五 یێد/ھەینی
週六 شەمی
週日 یەکشمم

昨天

دوێ

今天

ئێرۆ

明天

سبەی

早晨

سبە

中午

نیوەڕۆ

晚上

ئێوارە

MO	TU	WE	TH	FR	SA	SU
1	2	3	4	5	6	7
8	9	10	11	12	13	14
15	16	17	18	19	20	21
22	23	24	25	26	27	28
29	30	31	1	2	3	4

工作日

رۆژینی کاری

MO	TU	WE	TH	FR	SA	SU
1	2	3	4	5	6	7
8	9	10	11	12	13	14
15	16	17	18	19	20	21
22	23	24	25	26	27	28
29	30	31	1	2	3	4

週末

داویا ھەفتە

雨
باران
彩虹
風
با
雪
春
بهار
夏
秋
پاییز
冬
زڤستان

天氣預告

پێشبینیا هەوا

溫度計

تەهنپیڤ

陽光

تاڤ

雲

هەور

霧

مژ

潮濕

هێمی

閃電

برق

打雷

برووسک

風暴

تۆفان

冰雹

تەرگ

季風

مانسوون

洪水

لەهی

冰

جەمەد

一月

ڕێبەندان

二月

ڕەشەمە

三月

نەورۆز

四月

گولان

五月

جۆزەردان

六月

پووشپەڕ

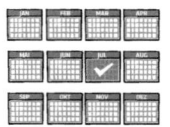

七月

گەلاوێژ

八月

خەرمانان

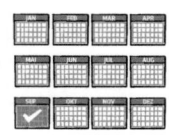

九月

ڕەزبەر

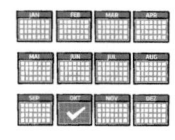

十月

کەوچێڕ

十一月

سەرماوەز

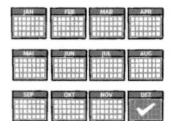

十二月

بەفرانبار

形狀

شێوە

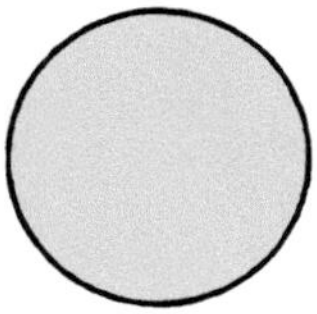

圓形

چەمبەر

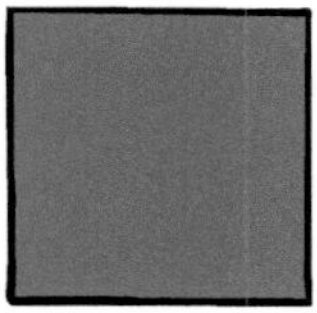

正方形

چارچک

長方形

چارقۆزی

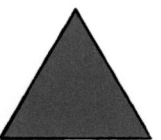

三角形

سێقۆزی

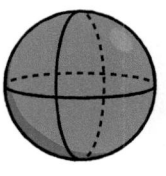

球體

قادا

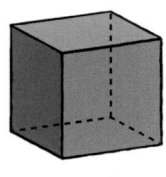

立方體

خشتەک

顏色
رەنگان

白

سپی

黃

زەر

橙

پرتەقالی

粉

پەمبە

紅

سۆر

紫

مۆر

藍

شین

綠

کەسک

棕

قەهوەیی

灰

گەور

黑

رەش

很多/少許

زۆر / کەم

生氣/平靜

ب هێرس / بێدەنگ

美/醜

بەدەو / نەرند

首/尾

دەستپێک / داوی

大/小

مەزن / بچووک

明/暗

رۆنی / تاری

兄弟/姐妹

براک / خوشک

乾淨/骯髒

پاگژ / گرێژ

完整/缺失

تەڤی / نەتەمام

白天/晚上

رۆژ / شەڤ

死/生

مری / زندی

寬/窄

فرە / تەنگ

可食用/非食用

خوەش / نەخوەش

邪惡/善良

نەباش / باش

興奮/無聊

ب هەیەجان / ئاجز

胖/瘦

قەلەو / زراڤ

第一/最後

یەکەمین / داوین

朋友/敵人

هەڤال / دژمن

滿/空

تژی / ڤالا

硬/軟

رەق / نەرم

重/輕

گران / سڤک

餓/渴

برچی / تینی

生病/健康

نەخوەش / ساخ

非法/合法

نەقانوونی / قانوونی

聰明/愚笨

رەوشەنبیر / بالووله

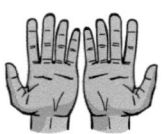

左/右

چەپ / راست

近/遠

نێزی / دوور

新/舊

نوو / بکارهاتی

沒有/有些

هیچ / تشتەک

老/幼

کال / جوان

開/關

ل / ژ

打開/闔上

ڤەکری / گرتی

安靜/吵鬧

ئارام / دەنگبلند

富/窮

دەولەمەند / ڕەبەن

對/錯

ڕاست / شاش

粗糙/光滑

دڕ / هلوو

傷心/高興

خەمگین / شا

短/長

کورت / درێژ

慢/快

هێدی / زوو

濕/乾

شل / زوا

溫暖/涼爽

گەرم / هێنک

戰爭/和平

شەڕ / ئاشتی

數字
هەژماران

0 零 سفر	1 一 یەک	2 二 دوو
3 三 سێ	4 四 چار	5 五 پێنج
6 六 شەش	7 七 هەفت	8 八 هەشت
9 九 نەه	10 十 دەه	11 十一 یازدە

12

十二

دازده

13

十三

سێزده

14

十四

چارده

15

十五

پازده

16

十六

شازده

17

十七

حەفده

18

十八

هەژده

19

十九

نۆزدەه

20

二十

بیست

100

百

سەد

1.000

千

هەزار

1.000.000

百萬

ملیۆن

語言

زمانان

英語

ئینگلیزی

美式英語

ئنگلیزیا ئامەریکی

普通話

چینی ماندارین

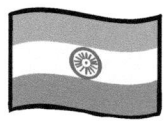

印地語

هێندی

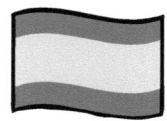

西班牙語

ئیسپانیۆلی

法語

فرەنسی

阿拉伯語

ئەرەبی

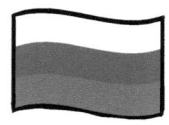

俄語

رووسی

葡萄牙語

پۆرتوگالی

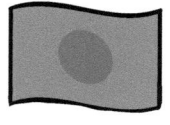

孟加拉語

بەنگالی

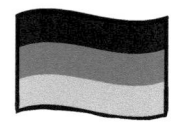

德語

ئەلمانی

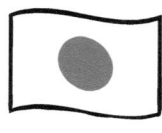

日語

ژاپۆنی

誰/什麼/如何
کی / چ / چاوا

我

من

你

تو

他/她/它

ئەو / ئەڤ / ئەو

我們

ئەم

你們

تو

他們

ئەو

誰？

کی؟

什麼？

چ؟

如何？

چاوا؟

何處？

کیدەرێ؟

何時？

کەنگی؟

名字

ناڤ

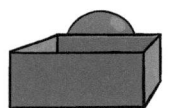

方位

کوو

後面

پشتی

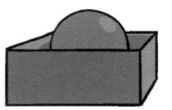

裡面

前面

پێشی

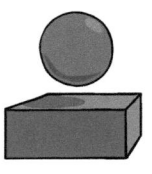

上方

سەر

上面

سەر

下麵

بن

旁邊

کێلەک

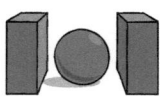

中間

ناڤبەر

地點

جه